AUGUSTE BALUFFE

BERNARD POURQUIER

(1381 - 1397)

ÉTUDE D'HISTOIRE LOCALE

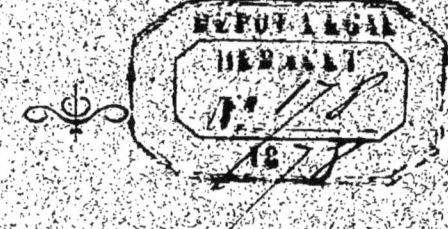

BÉZIERS,
IMPRIMERIE DU COMMERCE DE P. RIVIÈRE.

1878

AUGUSTE BALUFFE

BERNARD POURQUIÉR

(1381 - 1397)

ÉTUDE D'HISTOIRE LOCALE

BÉZIERS,
IMPRIMERIE DU COMMERCE DE P. RIVIÈRE.

1878.

BERNARD POURQUIER

(1381 - 1397)

A toutes les époques la cause de la liberté et de la justice a trouvé dans les rangs du peuple des défenseurs héroïques : le charpentier Bernard Pourquier en fut un à Béziers, au XIVe siècle. L'histoire municipale de Béziers doit garder le souvenir de cette figure populaire, car cet homme qui rappelle la grandeur tragique des vieux Gaulois par sa haute stature, par sa force herculéenne, par son indomptable courage, par son rude et fier mépris de la mort, cet homme montra le premier l'exemple de la résistance obstinée aux exactions du duc de Berri, en refusant hardiment et hautainement de payer l'impôt, et le premier aussi, au risque de mettre Béziers à feu et à sang, s'opposa à la réception solennelle que les consuls de Béziers voulaient faire à ce duc de Berri, bourreau du peuple, par une condescendance qui pour flatter cet illustre scélérat faisait trop bon marché de la dignité et de l'indépendance de la cité !

Jusqu'aux premiers jours de septembre 1381, Bernard Pourquier n'avait guère fait parler de lui. Modeste et simple, il avait vécu dans l'obscurité laborieuse de sa boutique de charpentier. Là, du matin au soir, il avait passé ses journées, maniant les grosses charpentes comme des jouets d'enfant, car ses robustes mains, puissantes comme celles de l'athlète antique, eussent tordu un chêne. La lourde hache de charron ne pesait guère à cet ouvrier infatigable. Son ambition n'allait pas au delà du soin de son travail et de sa profession. Il était le charpentier le plus habile et le plus renommé de la ville ; cela lui suffisait. Les affaires communales qui occupaient alors tous les citoyens, ne l'intéressaient ni plus ni moins que tout le monde. Dans sa boutique on en parlait peu, mais assez cependant pour que l'idée vînt au peuple de l'élire par deux fois, en 1364 et en 1370, aux fonctions de *Carrayrier*, surveillant des rues. Dom Vaissète et, après lui, M. Sabatier ont dit qu'il avait été consul en 1362 ; on n'a pu le dire que par erreur. La chronique de Mascaro ne le cite pas. Quoiqu'il en soit, s'il se mêlait peu à l'administration municipale, il n'y restait pas indifférent. Il avait là-dessus sa façon de penser, et il ne cachait pas sa pensée quand un acte inique ou une maladroite mesure quelconque froissait son sentiment, sa raison et sa conscience d'honnête ouvrier. Mais nul ne soupçonnait l'énergie terrible de cette nature, calme comme le sont d'ordinaire les natures fortes. Un événement la fit éclater : l'âme d'un héros fit tout à coup explosion dans ce travailleur.

Voici dans quelles circonstances. Le duc de Berri, après sa défaite à Revel par le comte de Foix, s'était retiré à Bagnols, diocèse d'Uzès. Le comte de Foix victorieux, « content de l'avoir combattu et vaincu, » se montrait prêt à renoncer avec une générosité chevaleresque au gouvernement du Languedoc qu'il avait disputé les armes à la main ; le duc, pour payer les frais de la guerre et pour subvenir à ses ruineuses dépenses, fit décréter par toute la province l'imposition exorbitante d'*un franc par feu et par mois*. Les populations étaient dans la plus affreuse misère ; l'argent manquait, le pain manquait. Les pauvres gens pliaient sous le faix de plus en plus lourd des charges fiscales sans fin accrues, sans cesse accumulées. Mais telle était la terreur exercée par la violence brutale des agents du fisc que nul n'osait se plaindre tout haut. Le désespoir était partout : on se taisait. C'est alors que Bernard Pourquier sortit de sa boutique. Publiquement, tout haut, il accusa, avec une virile et audacieuse fermeté, les consuls de la ville de lâche et coupable faiblesse vis-à-vis des exacteurs sans pitié qui réduisaient le peuple à la famine ; et pour montrer à celui-ci ses droits, à ceux-là leur devoir, il déclara qu'il ne paierait pas « la dernière taille. » Une pareille protestation était courageuse, et le peuple qui la sentait juste la couvrit d'applaudissements. Les consuls n'y virent qu'une criminelle révolte contre leur autorité, et un arrêt de leur justice rendu quelques heures après et proclamé à haute voix sur la place de la maison commune, annonça à la foule que : « pour refus d'impôt de six francs sur « la dernière taille, Bernard Pourquier subirait « une heure de carcan et ferait amende honorable, « la corde au cou, un cierge allumé à la main. »

La sentence était exécutoire de suite : Bernard Pourquier en l'entendant prononcer redressa sa tête hautaine et répondit dédaigneusement que jamais il ne s'y soumettrait ! Les écuyers municipaux et la milice consulaire se ruent sur lui : il repousse les premiers assaillants, il se débat ; épuisé par l'effort d'une lutte trop inégale — il était seul contre cent, — il est entraîné, au milieu d'une émotion indescriptible du peuple qui tente de le délivrer et qui s'ameute aux portes de la Mairie. En ce moment passe un moine de Saint Dominique. Par quelques paroles de conciliation, il apaise la furieuse exaltation de la foule ; et se tournant vers Pourquier, il lui prêche la soumission à l'autorité. — « Qu'on me tue ; « je ne veux pas être déshonoré ! » répond le charpentier, frémissant à la seule pensée de plier sa tête au carcan d'infamie. Le moine alors parcourt la foule pour faire une quête dont le produit sert à exonérer Pourquier de l'impôt qu'il ne veut pas acquitter ; et quand les *six francs* sont recueillis, le moine revient à la charge en lui montrant que le peuple qui l'aime a fait pour lui la moitié de ce qu'on lui demande. « Il a « payé pour toi de son argent ; ne refuse pas de « payer de ta personne. » Pourquier secoue la tête avec un amer sourire d'ironie ; il refuse de se résigner à l'humiliation qu'on lui impose. Mais force reste à l'autorité consulaire ; et la sentence ignominieuse s'exécute.

Pourquier l'a subie en rugissant. Il sort des mains de ses bourreaux avec la rage au cœur. Pendant huit jours, comme un lion blessé dans sa cage, il s'agite dans sa boutique, sans goût au travail ; il n'en dort pas, et de sanglantes visions traversent son esprit. Farouche et taciturne, il ferme sa porte à ses amis eux-mêmes ; et quand il se prend à regarder sa grande et large hâche au repos — il y voit rouge !... Soudain, on lui dit que les consuls vont se réunir à la maison commune pour délibérer sur les fêtes à donner à l'occasion de l'entrée prochaine du duc de Berri à Béziers. Il bondit de colère. Cette nouvelle bassesse des consuls exaspère cette âpre nature bouleversée déjà par le ressentiment de l'injure soufferte et la soif de la vengeance. Toute sa haine se rallume contre eux, contre ce duc odieux qui martyrise le peuple par ses extorsions abominables. Il saisit sa hâche d'une main crispée, et pâle, il parcourt les quartiers de la *Fustarié* pour appeler ses amis à la révolte. Sa vengeance va se couvrir maintenant d'un devoir de patriotisme ; car la blessure faite à la dignité de l'homme saigne moins que la blessure faite à l'honneur du citoyen jaloux des franchises et de l'indépendance de la cité !

II

C'était un dimanche ; midi venait de sonner au beffroi de l'hôtel-de-ville. A l'appel de Bernard Pourquier, tous les habitants du bourg de la *Fustarié*, la plupart laboureurs, charpentiers ou tisserands, furent sur pied en un instant. Ils s'arment de haches, de bâtons, de n'importe quoi, et fidèles au rendez-vous qui leur est assigné, ils courent se réunir dans le cimetière de St-Félix où Bernard Pourquier les a précédés. Ils sont quarante-deux, tous amis dévoués de Bernard Pourquier, tous citoyens résolus à la lutte, à la mort. Pour donner à leur entreprise le caractère d'une sainte cause et d'une juste revendication, Bernard Pourquier les introduit, à deux pas de là, dans l'église de la Madeleine, et, plaçant sa hache sur l'autel de Saint-Antoine, il leur fait jurer de ne pas rentrer dans leurs foyers avant d'avoir puni les traîtres, consuls ou bourgeois, qui, au mépris de tout patriotisme et de tout serment de fidélité à la ville, perpètrent la criminelle soumission de

Béziers au duc de Berri, que le peuple indigné abhorre à l'égal d'un malfaiteur public. Tous jurent solennellement, l'un après l'autre, de tirer prompte et terrible vengeance d'une poignée d'ambitieux et d'intrigants qui se mettent ainsi au-dessus de la volonté populaire. Bernard Pourquier, confiant dans leur inébranlable et virile fermeté, ordonne de sonner les cloches de la Madeleine, et, à la tête des conjurés, il se dirige vers la maison commune.

Sur la place de l'hôtel-de-ville, une foule énorme et agitée s'était portée sans mot d'ordre, d'instinct, pour protester, elle aussi, contre la délibération impopulaire qui avait été annoncée. Des cris de : *Mort aux traîtres !* retentissaient par moments avec une épouvantable violence. L'apparition de Bernard Pourquier et de ses compagnons est saluée d'une immense acclamation. Entre cet homme que la volonté populaire investit d'une sorte de dictature spontanée, de par le droit sacré de la révolte légitime (car en ces temps d'arbitraire la force était le seul recours contre les excès de la force), entre cet homme et ceux qu'un abus anti-patriotique du pouvoir municipal a mis au ban de la cité et destitué de tout prestige, — quels sont les insurgés ? La conscience populaire affirme que l'insurrection est dans la maison commune. Et c'est vrai — doublement vrai ! On va le voir.

Bernard Pourquier se présente au seuil de

l'hôtel-de-ville pour sommer les consuls d'expliquer et leurs actes et leurs décisions au peuple qui revendique le droit de les juger. Mais les consuls ne paraissent pas pour répondre, car les consuls — et aucun historien n'a fait cette remarque — les consuls n'ont pas voulu se réunir aux meneurs de la bourgeoisie et aux agents salariés du duc de Berri pour délibérer. Soit par un dernier et invincible scrupule de leur probité de magistrat, soit par crainte de la redoutable responsabilité qu'ils s'exposaient à assumer, ils ne sont point venus à l'hôtel-de-ville. Les consuls, les dépositaires de l'autorité municipale, sont absents ; et malgré leur absence, avec une audace qui ressemble à une provocation cynique, des hommes de loi, le viguier de la cour épiscopale, des notables trop convaincus que la débonnaireté de la population leur assurera l'impunité, ont osé passer outre. Ce n'est plus même aux magistrats élus de la cité qu'on a affaire, c'est à un groupe de brouillons incorrigibles, à une côterie de factieux insolents. L'irritation populaire ne connaît plus de bornes, quand un sergent vient déclarer à la foule que pas un consul, ni Estève Cros, ni Durand de Guirgols, ni François Barrière, ni Jean Bonservin, ni Jean Dolba, ni Siméon Sans, ni Bernard Julia, pas un consul n'est là pour répondre !...

Contenant son indignation grondante, Bernard Pourquier, la hache levée, ordonne à ses compagnons de le suivre, et il fait un pas pour envahir l'hôtel-de-ville. Soudain, avec un effroyable racas, la porte se referme à sa face. — Frémissant, à cette nouvelle provocation, à cette nouvelle insulte faite au peuple et à lui-même, Bernard Pourquier écarte ses compagnons et à coups répétés de sa grande hache, comme un bûcheron gigantesque, il ébranle, il enfonce, il fait voler en éclats cette porte de chêne, doublée de bronze, derrière laquelle, tremblants, effarés, les ennemis du peuple et les traîtres à la cité ont cru vainement trouver un refuge, une protection. Bernard Pourquier et ses compagnons pénètrent dans la cour ; tous ces fiers notables qui refusaient de transiger et d'entendre raison tout à l'heure, sont dispersés. Ils fuient en tout sens. Déjà, un bourgeois des plus compromis, Raymond Alari et le sommeiller de l'évêque, Jean Sabatier, ont pris le parti de sauter du haut de la tour et de se sauver par les toits des maisons voisines ; mais les autres, moins hardis et espérant quartier, se sont réfugiés dans la tour, dont ils ont fermé la porte et d'où ils refusent de sortir avant d'avoir obtenu grâce et merci. Le moment n'est malheureusement pas à la clémence, et la générosité native de Bernard Pourquier ne peut dérober à la vengeance populaire les victimes qu'elle réclame impitoyablement. Le feu est mis à la tour ; un immense incendie, transformant la façade de l'hôtel-de-ville en un affreux et sinistre bûcher, consume dans les flammes ou écrase sous l'effondrement du beffroi ceux qui avaient imprudemment cru y trouver le salut. Ces victimes, que Mascaro et d'autres chroniqueurs mal renseignés représentent comme innocentes et sacrifiées par « le mauvais esprit » qui animait le peuple, et pour lesquelles nous n'avons que la stricte pitié acquise dans le cœur humain à toutes les victimes des guerres civiles, devant la terrible expiation qui les frappa, nous ne devons pas les accuser ; leurs actes, la vérité racontée sincèrement les accusent assez ! Il y en avait huit. Elles se nommaient: Bernard Guitard, viguier de la cour épiscopale, Guilhen de Taurel, licencié en droit, Raymond Ginieys, bourgeois, Jacmes Boton, bourgeois, Guiraud Got, notaire municipal, Paul Barba, marchand, Jacmes Salamon de Thézan, le fils, et Estève Carbone, chapelain de la maison commune. Si la complicité muette des consuls avait pu les autoriser à blesser mortellement le sentiment public et à braver les injonctions de la volonté populaire, — le refus des consuls de s'associer à leurs décisions ne les laisse-t-il pas sans circonstances atténuantes aux yeux de l'impartialité historique ?

III.

Les orages se forment vite autour des volcans. Après un premier moment d'anxieuse stupeur où se mêlait peut-être un peu de pitié tardive pour les victimes, la foule qui assistait à l'incendie de l'hôtel-de-ville fut comme prise d'un accès de folie sanguinaire Quand le peuple se soulève, on ne sait jamais où le déchaînement des mauvaises passions et les perfides instigations de certains meneurs, trop souvent conseillers du crime, peuvent le conduire aveuglément. Des vagabonds sortis d'on ne sait quel bois, — comme des loups attirés par l'odeur du sang et par la curée, — des individus, rôdeurs de nuit, aventuriers, destinés à composer, trois mois plus tard, ces bandes de *Tuchins* qui terrifièrent le pays, pillant, brûlant, assassinant, cette lie immonde qui remonte à la surface de toute société troublée, un tas de misérables enfin avaient fait irruption parmi la foule pour attiser ses haines, déjà malheureusement trop excitées. Ils représentent à la population que l'exécution qui vient d'avoir lieu n'est pas complète, que tous les coupables n'étaient pas à l'hôtel-de-ville et que ceux qui se cachent, pour se dérober au châtiment mérité, ne doivent pas en effet échapper à l'expiation. Les pauvres gens du peuple, si malheureux alors, et partant si faciles à égarer, étaient trop disposés à les écouter pour ne pas les entendre. Un dernier sentiment d'humanité est refoulé dans leur cœur, et, dans un état d'exaltation furieuse, ils se mettent à parcourir les rues de la ville pour poursuivre, arrêter et mettre à mort les coupables qu'on signale tout haut à leur vengeance.

On commence par se rendre à la maison d'un sergent d'armes du roi, nommé Bérenger Ferrier, personnage influent et brave, qui s'était le plus compromis par ses intrigues en faveur du duc de Berri. Bérenger Ferrier ne veut pas tomber vivant entre les mains de ses ennemis, et, l'épée au poing, il se fait tuer en défendant l'entrée de sa maison. Un de ses fidèles valets est massacré à ses côtés. Un second sergent royal, Bon Grassia, est égorgé, lui aussi, dans sa demeure. Un troisième, Guiraud, qui s'est réfugié dans l'église de Saint-Aphrodise, asile inviolable, en est brutalement expulsé ; on l'entraîne jusque dans le cimetière voisin, où on l'immole sur une pierre tombale, autel tout prêt pour ce sacrifice impie. La nuit arrive; ces scènes d'horreur sont suspendues; mais en attendant le lendemain, quelques scélérats, de ceux qui ont tout à gagner aux émeutes, saccagent les maisons des trois sergents, ou dressent leurs listes de proscriptions. A coup sûr la nuit n'a pas porté de bons conseils. Dès la pointe du jour (c'était le 9 septembre), les rassemblements se reforment, des bandes circulent dans les rues en proférant de sinistres appels au pillage et au massacre. *Malheur aux riches !* crient quelques forcenés. Un bourgeois inoffensif se rencontre sur leurs pas; on le reconnaît, c'est Jean Ferrandi : il est abattu sur place. Avec un acharnement de bêtes féroces, ils courent d'assassinat en assassinat. Ils y ont la main, comme les bouchers à l'abattoir. Dans la matinée, ils ont tué six bourgeois, savoir : Ferrandi d'abord, puis Raymond Bermon et Pierre Cava, son gendre, Jean Théron, Andrieu Astrebon jeune et Pierre Gimeys. La terreur règne....

Où est Bernard Pourquier et que fait-il pendant que le sang coule à flots ? Il a voulu l'insurrection contre les traîtres, il n'a pas voulu cette boucherie humaine. Il n'a pas pu maîtriser le mouvement populaire, mais il sent que la responsabilité en retombera sur lui. Comme on le voit toujours en ces journées de malheur, en ces heures néfastes, le chef a été débordé, son autorité a été méconnue et désobéie : il aura du moins le courage de mettre fin à ces sanglantes saturnales qui n'ont que trop duré. Sa hache est encore vierge du sang d'un concitoyen, mais dût-elle frapper cette fois dans les rangs de ses amis, il se jure à lui-même de l'employer au rétablissement de l'ordre. Il rallie donc sa petite troupe de la veille qui s'est dispersée ; il la guide dans l'église Saint-Félix, et, après avoir amèrement déploré les scènes horribles qui se sont passées, après avoir maudit ceux qui en ont été les auteurs et les complices, il fait jurer encore à ses compagnons de mettre à la raison et de punir tout perturbateur du repos public. Comme la veille sur l'autel de Saint-Antoine, il reçoit leur serment sur l'autel de Saint-Onuphre. C'est leur devoir de faire la police de la ville, de garantir la sécurité de tous. Ils sont résolus à s'en charger : ils n'y manqueront pas. Bernard Pourquier, avec un sentiment de droiture inflexible qui ne transige pas, même dans les circonstances où sa popularité est en jeu, n'a pu supporter sans indignation, sans dégoût, les désordres affreux dont l'inoubliable spectacle vient d'être donné à Béziers Il a voulu que cela cesse : il en empêchera le honteux retour !

Pendant dix-sept jours, Bernard Pourquier a la haute main sur les destinées de la ville. L'ordre revient ; les vagabonds, les aventuriers sont rentrés dans leurs ténébreux repaires. La ville respire et se remet à vivre. Les pavés des rues n'ont déjà plus trace du sang versé. Bernard Pourquier voudrait effacer à jamais le souvenir des 8 et 9 septembre. Mais qui pourrait en perdre si vite la mémoire ? La concorde entre les citoyens est lente à venir après de tels événements. La guerre civile fait de trop profondes blessures pour qu'elles se referment et se cicatrisent de la veille au lendemain. La bourgeoisie de Béziers n'oublie rien pour ne rien pardonner. Tandis que le peuple se remet au travail et s'applique à réparer les maux causés par l'anarchie d'un moment, elle médite dans l'ombre une éclatante et terrible revanche. Bernard Pourquier, avec son ferme bon sens et sa droite raison, pressent bien qu'elle n'a pas désarmé si elle est vaincue. Il sait qu'elle a l'irréconciliable espoir de reconquérir sa situation prépondérante dans la ville. Bernard Pourquier est trop clairvoyant pour se faire illusion sur l'avenir. Mais vienne la réaction inévitable, il aura fait son devoir, il le fera jusqu'au bout. En attendant, son devoir est de réinstaller à la maison commune les consuls, dont l'éclipse sinon l'abdication, a trop longtemps duré. Il leur enjoint de reprendre leur poste jusqu'à l'expiration de leur mandat annuel, jusqu'au 30 novembre où les élections municipales désigneront leurs successeurs. Et la vie communale reprend peu à peu sa physionomie accoutumée ; l'administration fonctionne avec régularité ; la paix semble assurée, enfin. Mais ce n'est qu'une trêve dans la crise. Le calme n'est dû qu'à une éclaircie entre deux orages.

IV.

Le duc de Berri, tenu au courant par ses agents des événements à mesure qu'ils s'accomplissaient dans la ville de Béziers, est resté à l'écart. Des émissaires secrets de la bourgeoisie sont allés solliciter son intervention active ; il n'a pas jugé le moment opportun après la sédition ; il a différé, il a trouvé prudent de temporiser, car il a ses raisons particulières pour ne rien brusquer. S'il a une promesse de désistement du comte de Foix, son concurrent victorieux au gouvernement du Languedoc, il n'est pas rassuré, surtout en présence de l'hostilité que montrent certaines villes à accepter son autorité Il conserve des intelligences à Béziers, il y entretient sous main des correspondances, il y ourdit des intrigues ; mais il s'en tient là jusqu'au jour où il lui sera possible d'agir et de parler en maître capable de se faire écouter et obéir. Déjà même les élections consulaires favorisent ses espérances et ses projets. Les nouveaux consuls élus sont des hommes qui se mêlent peu aux agitations publiques, et que leur caractère paisible permettra, au moment voulu, d'écarter, par un coup de main habilement préparé, de la direction des affaires de la cité. Survient enfin, par l'entremise du pape Clément VII, la transaction définitive de Capestang (fin décembre 1381), par laquelle le comte de Foix, ayant « pitié du dégât du pays pour sa querelle particulière, (1)» confirme par écrit sa renonciation verbale, — et le duc de Berri reprend toute sa liberté d'action.

Quelques jours après le traité de Capestang, le duc de Berri entre à Béziers. Il vient relever son prestige compromis, il vient venger la bour-

(1) Anonyme de St-Denis.

geoisie outragée et si durement maltraitée ; et tout d'abord, selon sa coutume, il impose la ville de 12,000 livres. Les consuls n'ont pas d'argent pour payer cette rançon : ils ouvrent un emprunt que la misère générale ne permet pas de couvrir; et c'est à la veuve même de Bernard Guitard, le viguier de l'évêque brûlé à l'hôtel-de-ville, qu'ils sont obligés de réclamer la somme qu'exige le duc en dommage « de l'insulte faite par le peuple « à lui et à d'autres personnes dans la ville et « au dehors. » La veuve de Bernard Guitard est très·riche ; mais elle a caché ses trésors, et elle refuse le prêt qui lui est réclamé. On finit par découvrir son argenterie chez le sacristain de St-Aphrodise ; elle cède alors, contrainte et forcée, *92 marcs, 5 onces d'argent*, que le duc de Berri accepte, sans songer à s'opposer à la spoliation qui les lui procure ; l'essentiel pour lui, c'est d'avoir de l'argent.

Argent compté et empoché, il s'occupe de procéder à la punition des auteurs de la sédition des 8 et 9 septembre. Ordre est donné de s'en emparer et de les pendre haut et court, de par sa prompte et bonne justice. Des gibets fraichement dressés attendent les victimes à quelques pas de la porte des frères Prêcheurs. La milice du duc se met donc à la besogne. Mais on a compté sans Bernard Pourquier. S'il est rentré dans l'ombre, il n'est pas mort. Le danger de ses amis le retrouve vite debout, toujours héroïque et vaillant. Puisque ni l'oubli ni le pardon ne sont venus, puisque les représailles atroces vont commencer, il ne désertera pas son poste de combat. Il ressaisit sa hache, et, à son nouvel appel, le faubourg de la *Fustariè*se soulève, fidèle et brave comme autrefois. Ses amis sont tous à leur poste, et tous sont résolus comme au premier jour. Peu leur importe le nombre des soldats dont le duc dispose ! Et la lutte s'engage, une lutte atroce, épouvantable entre les troupes du duc et cette poignée d'hommes du peuple, de tisserands, de charpentiers, de laboureurs, inébranlables dans leur entêtement héroïque pour la défense de leur droit et de leur vie !

Traqués, acculés, repoussés par les troupes du duc, ils se retirent lentement vers St-Nazaire, disputant le terrain pied à pied. A mesure que l'un d'eux tombant blessé est fait prisonnier, on l'emporte pour le pendre. Ils savent qu'ils n'ont pas de grâce à attendre, et c'est avec la rage du désespoir qu'ils combattent. Mais le nombre l'emporte, et cernés dans la rue *Malapague*, il ne reste plus autour de Bernard Pourquier que quatre de ses compagnons déjà blessés. Il est à leur tête, face à face avec ses ennemis acharnés. Ses habits sont en lambeaux, sa hache est ruisselante de sang — il tient encore les assaillants à distance. Mais la fin de la lutte ne peut être prolongée encore, — et les quatre amis dévoués qui lui restent, lui faisant un rempart de leur corps percé de coups, le supplient de se sauver dans l'intérêt de la cause du peuple. Alors, fou de douleur et de désespoir, Bernard Pourquier se réfugie dans le couvent des Jacobins, sur le seuil duquel s'arrête le combat. Bernard Pourquier est protégé par le droit d'asile. La vengeance du duc ne l'atteindra pas. Quant à ses compagnons, et même à plusieurs femmes qui ont refusé d'abandonner leurs maris, on les a tous pendus, sauf les quatre derniers, qu'on a décapités, par faveur spéciale, sur une vis de pressoir, billot improvisé, sur la place de la *Fustarié*. Ces quatres amis, en mémoire desquels la rue *Malapague* portera désormais le nom de *Rue des Bons Amis*, se nomment : Jehan Huguet, Cabot Bonnet, Guilhem et Peyre Amat. Mais il ne faut pas que ces noms seuls figurent sur le martyrologe du peuple de Béziers : ajoutons-y ceux des gens qu'on a pendus : Estéve Boia, Pons Tantusel, Johan Pastre, Bernat Gontard, Guilhaume Remence, Johan Sonié, Pons Pepi, Johan Sauze, Peyre Bira, Emengau Andrieu, Bernat Vezola, Bernat Emengau, Jehan Auriac, Bernat Massal, P. Salvayre, Guilhem Masseilha, Duran Bedos, Johan Caraman et son fils, Peyre Rainie, Ramon Lerog, Johan Botagrais, Gamot et sa femme, Estève Balhot et Johan Gautie, Peyre Tubes, Peyre Braconet et son fils, Guilhem Peyric, Johan Labana, Guilhem Carratie, Guilhem Lombes, Guilhem-le-Fustier, Guilhem Sabatier, Girart le Franc, Gasto et le nom resté inconnu d'un meunier.

Nous n'insisterons pas davantage sur ce chapitre des annales de Béziers. A quoi bon les commenter? N'en ressort-il pas cet enseignement grave que le peuple faisait alors à Béziers comme partout ses stations douloureuses vers la liberté et qu'il arrosait la voie de la délivrance future de son sang généreux?... Mais avant de clore ces pages, disons du moins un dernier mot sur Bernard Pourquier. Une procédure ouverte contre lui, à la suite d'une information ordonnée par le duc de Berri, dès le 2 février, aboutit, le 24 juillet 1383, à une absolution que la conscience publique avait prononcée d'avance. Par lettres de rémission accordées en 1390, le roi Charles VI le garantissait à jamais contre toute poursuite. Bernard Pourquier vécut désormais dans l'oubli, sans remords, mais non sans tristesse.

Le dernier épisode de sa vie le montra encore héroïque. Une inondation inouïe menace la ville basse; le vieux pont, dont les arches sont obstruées par les flots, qui montent toujours, chancelle et tremble sur ses piles ébranlées. La désolation est dans le faubourg; personne n'ose traverser ce pont pour gagner l'autre rive où des malheureux venus de Narbonne attendent pâles de faim et d'effroi l'écoulement des eaux. Des religieux sortis en procession des divers couvents de la ville, font des prières publiques dans un carrefour voisin du pont pour que l'inondation s'arrête. Bernard Pourquier reparaît alors ; il a sa hache à la main ; ses cheveux ont blanchi, ses larges et fortes épaules semblent se courber un peu sous le poids des ans et des chagrins. Il traverse la foule, il va jusqu'au milieu du pont où nul n'ose mettre le pied, et là, calme et souriant, il s'agenouille et il prie, il prie longtemps pour que les malheureux qui n'osent passer pour entrer en ville, reprennent confiance.

Enhardis par son sang-froid, ils s'aventurent à franchir le redoutable passage, et quand ils l'ont franchi, Bernard Pourquier se redressant avec cette fougueuse témérité des anciens Gaulois bravant le tonnerre, dans un mouvement de superbe défi, il lance au courant furieux et qui écume, sa hache, en disant : « Ce n'est pas trop de toute cette eau pour la laver du sang des discordes civiles, mais du moins personne après moi ne la déshonorera en la portant lâchement ! »

Quelques jours après, le 8 Octobre 1397, Bernard Pourquier mourut.

Béziers, imp. Rivière, rue de la Citadelle, 5.

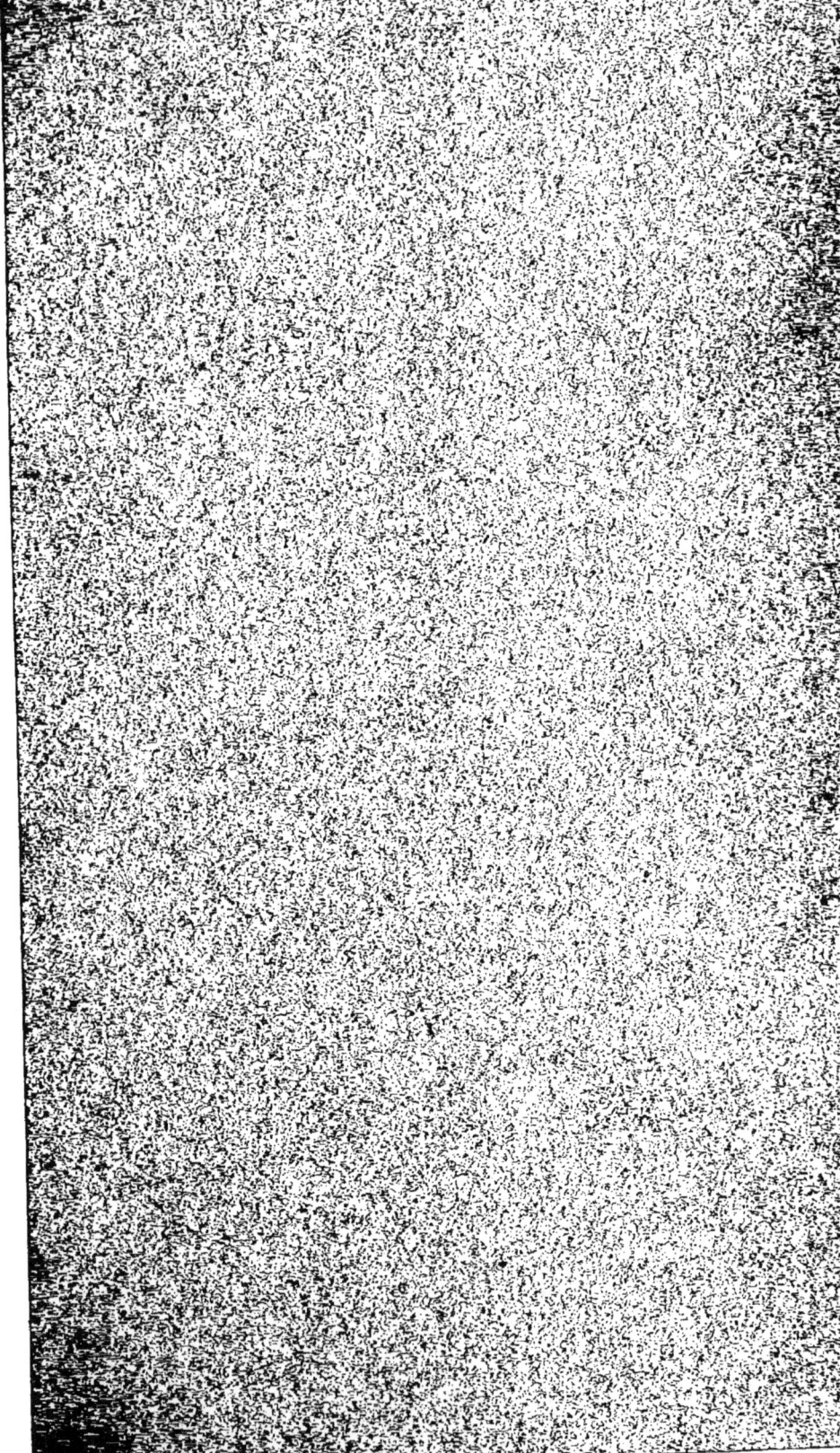

www.ingramcontent.com/pod-product-compliance
Lightning Source LLC
Chambersburg PA
CBHW060713050426
42451CB00010B/1415